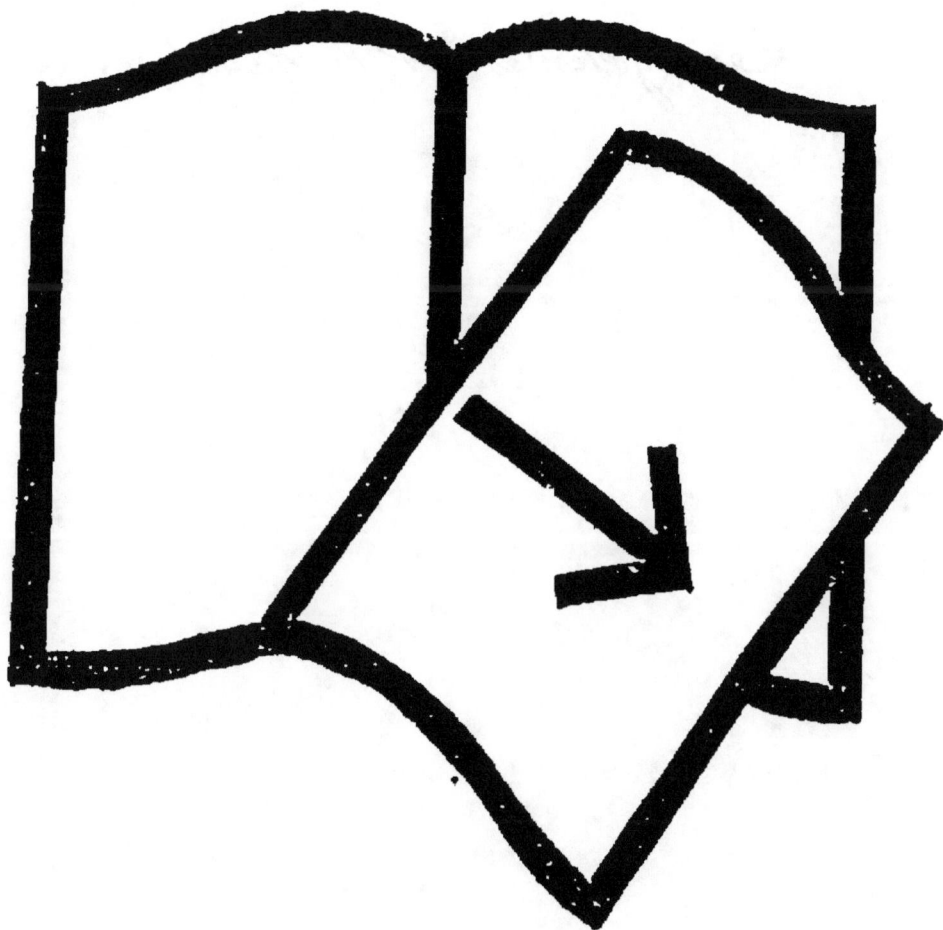

Couverture inférieure manquante

Voltaire

Les systèmes et les Cabales...

LES SYSTEMES

ET

LES CABALES,

AVEC

DES NOTES INSTRUCTIVES,

ENSUITE

LA BEGUEULE,

ET

JEAN QUI PLEURE ET QUI RIT;

1772.

par M. de Voltaire.

LES

SYSTEMES.

LOrſque le ſeul Puiſſant, le ſeul Grand, le ſeul Sage ;
De ce monde, en ſix jours, eut achevé l'ouvrage,
Et qu'il eut arrangé tous les céleſtes corps ;
De ſa vaſte machine il cacha les reſſorts,
Et mit ſur la nature un voile impénétrable.

J'ai lu chez un Rabin que cet Etre inéfable
Un jour, devant ſon trône, aſſembla nos docteurs ;
Fiers enfans du ſophiſme, éternels diſputeurs ;
Le bon Thomas d'Aquin (1), Scot (2), & Bonaven-
    ture (3),

Et juſqu'au Provençal éleve d'Epicure (4),
Et ce maître René (5), qu'on oublie aujourd'hui ;
Grand fou perſécuté par de plus fous que lui ;
Et tous ces beaux eſprits dont le ſavant caprice
D'un monde imaginaire a bâti l'édifice.

Ça, mes amis, dit Dieu, devinez mon ſecret :
Dites-moi qui je ſuis, & comment je ſuis fait.
Et dans un ſupplément dites-moi qui vous êtes :
Quelle force, en tout ſens, fait courir les comètes ;

A 2

Et pourquoi, dans ce globe, un destin trop fatal,
Pour une once de Bien, mit cent quintaux de Mal.
Je sais que, grace aux soins des plus nobles génies,
Des prix sont proposés par les Académies :
J'en donnerai. Quiconque approchera du but,
Aura beaucoup d'argent, & fera son salut.

Il dit, Thomas se lève à l'auguste parole,
Thomas le Jacobin, l'Ange de notre école,
Qui de cent argumens se tira toujours bien,
Et répondit à tout, sans se douter de rien.

Vous êtes, lui dit-il, l'existence & l'essence, (6)
Simple avec attributs, acte pur & substance,
Dans les tems, hors des tems : fin, principe & milieu ;
Toujours présent par tout sans être en aucun lieu.

L'Eternel, à ces mots, qu'un Bachelier admire,
Dit : *courage, Thomas !* & se mit à sourire.
Descartes prit sa place avec quelque fracas,
Cherchant un tourbillon qu'il ne rencontrait pas ;
Et le front tout poudreux de matière subtile,
N'ayant jamais rien lu, pas même l'Evangile.

Seigneur, dit-il, à Dieu ; ce bon homme Thomas
Du rêveur Aristote a trop suivi les pas.
Voici mon argument, qui me semble invincible :
Pour être, c'est assez que vous soyez possible (7)

Quant à votre Univers , il est fort imposant ;

Mais , quand il vous plaira , j'en ferai tout autant (8) ;

Et je puis vous former d'un morceau de matiere

Elémens , animaux , tourbillons & lumière ,

Lorsque du mouvement je saurai mieux les loix:

Dieu sourit de pitié pour la seconde fois.

L'incertain Gassendi, ce bon prêtre de Digne ,

Ne pouvait du Breton souffrir l'audace insigne,

Et proposait à Dieu ses atômes crochus (9),

Quoique passés de mode , & dès longtems déchus.

Mais il ne disait rien sur l'essence suprême.

Alors un petit Juif, au long nez , au teint blême ;

Pauvre , mais satisfait ; pensif , & retiré ;

Esprit subtil & creux , moins lu que célébré ,

Caché sous le manteau de Descartes son maître ;

Marchant à pas comptés, s'approcha du grand-Etre.

Pardonnez-moi , dit-il , en lui parlant tout bas ;

Mais je pense , entre nous , que vous n'existez pas (10)

Je crois l'avoir prouvé par mes Mathématiques,

J'ai de plats Ecoliers , & de mauvais Critiques.

Jugez-nous. — A ces mots , tout le globe trembla ;

Et d'horreur & d'effroi St. Thomas recula.

Mais Dieu clément & bon , plaignant cet infidèle ;

Ordonna seulement qu'on purgeât sa cervelle ;

A 3

Et doucement l'exclut du Sénat des Savans:
Il partit, mais suivi de quelques partifans.

Nos Docteurs, qui voyaient avec quelle indulgence
Dieu daignait compatir à tant d'extravagance,
Etaient bientôt cent belles vifions,
De leur efprit pointu nobles inventions:
Ils parlaient, difputaient, & criaient tous enfemble.
Ainfi, lorfqu'à dîner un amateur affemble
Quinze ou vingt beaux efprits, fameliques auteurs,
Rimeurs, compilateurs, chanfonnéurs, traducteurs;
La maifon retentit des cris de la cohue,
Les paffans ébahis s'arrêtent dans la rue.

D'un air perfuadé Mallebranche affûra
Qu'il faut parler au Verbe, & qu'il nous répondra (11).

Arnaud dit que de Dieu la bonté fouveraine,
Exprès pour nous damner, forma la race humaine (12).

Leibnitz avertiffait le Turc & le Chrétien,
Que fans fon harmonie on ne comprendra rien (13);
Que Dieu, le monde & nous, tout n'eft rien fans
    monades.

Le courier des Lapons, dans fes turlupinades (14),
Veut qu'on aille au détroit, où vogua Magellans,
Pour fe former l'efprit, diffequer des géans.
Nôtre conful Maillet (15) (non pas conful de Rome)

Sait comment ici-bas naquit le premier homme.
D'abord il fut poisson. De ce pauvre animal
Le berceau très-changeant fut du plus fin cristal ;
Et les mers des Chinois sont encore étonnées
D'avoir, par leurs courans, formé les Piléndes,
Chacun fit son système ; & leurs doctes leçons
Semblaient partir tout droit des petites-maisons.

   Dieu ne se fâcha point : c'est le meilleur des pères :
Et sans nous engourdir par des loix trop austères,
Il veut que ses enfans, ces petits libertins,
S'amusent en jouant de l'œuvre de ses mains.
Il renvoya le prix à la prochaine année ;
Mais il vous fit partir, dès la même journée ;
Son ange Gabriel, ambassadeur de paix,
Tout pétri d'indulgence, & porteur de bienfaits.

   Le Ministre emplumé vola dans vingt provinces ;
Il visita des Saints, des Papes & des Princes,
De braves Cardinaux & des Inquisiteurs,
Dans le siecle passé dévots persécuteurs.
Messeigneurs, leur dit-il, le bon Dieu vous ordonne
De vous bien divertir, sans molester personne.
Il a sçu qu'en ce monde on voit certains Savans,
Qui sont, ainsi que vous, de fieffés ignorans :
Ils n'ont ni volonté, ni puissance de nuire :

A 4

Pour penser de travers, hélas ! faut-il les cuire !

Un livre, croyez-moi, n'est pas fort dangereux ;

Et votre signature est plus funeste qu'eux.

En Sorbonne, aux Charniers (16), tout se mêle d'écrire :

Imitez le bon Dieu qui n'en a fait que rire.

N O T E S

Par Mr. DE MORZA.

(1) Le bon Thomas d'Aquin. . . .

Nous n'avons de St. Thomas d'Aquin que dix-fept gros volumes bien avérés ; mais nous en avons vingt & un d'Albert. Auffi celui-ci a été furnommé *le Grand.*

(2) Scot. . . . . .

Scot eft le fameux rival de *Thomas.* C'eft lui qu'on a cru mal-à-propos l'Infticuteur du dogme de l'*Immaculée Conception*; mais il fut le plus intrépide défenfeur de l'*Univerfel de la part de la chofe.*

(3) Bonaventure. . . . .

Nous avons de *S. Bonaventure* le Miroir de l'ame ; l'Itinéraire de l'efprit à Dieu , la Diette du Salut , le Roffignol de la Paffion , le bois de vie , l'aiguillon de l'amour , les flammes de l'amour , l'art d'aimer , les vingt-cinq mémoires , les quatre vertus cardinales , les fept chemins de l'Eternité , les fix aîles des Chérubins , les fix aîles des Séraphins , les cinq fêtes de l'Enfant Jéfu , &c.

(4) . . . Provençal , élève d'Epicure.

Gaffendi , qui reffufcita pendant quelque temps le Syftêmê d'Epicure. En effet , il ne s'éloigne pas de penfer que l'homme a trois ames , la végétative qui fait circuler toutes les ligueurs ; la fenfitive qui reçoit toutes les impreffions ; & la raifonnable qui loge dans la poitrine. Mais auffi il avoué l'ignorance éternelle de l'homme fur les premiers principes des chofes ; & c'eft beaucoup pour un Philofophe.

(5) *Et ce maître Rèné* . . . . .

Defcartes était le contraire de Gaffendi : celui-ci cherchait, & l'autre croïait avoir trouvé. On fait affez que toute la Philofophie de Defcartes n'eft qu'un Roman mal tiffu, qu'on ne fe donne plus la peine ni de réfuter, ni d'examiner. Quel homme aujourd'hui perd fon temps à rechercher comment des dez tournant fur eux mêmes dans le plein, ont produit des foleils, des planettes, des terres & des mers ? Les partifans de ces chimères les appellaient les hautes fciences, & ils fe moquaient d'Ariftote, & ils difaient, nous avons de la méthode. On peut comparer le fyftême de Defcartes à celui de Lafs, tout deux étaient fondés fur la fynthefe. Defcartes vint dans un temps où la raifon humaine était égarée, Lafs fe mit à philofopher en France, lorfque l'argent du royaume était plus égaré encore. Tous deux éleverent leur édifice fur des veffies. Les tourbillons de Defcartes durèrent une quarantaine d'années, ceux de Lafs ne fubfifterent que dix-huit mois. On eft plutôt détrompé en arithmétique qu'en philofophie.

(6) . . . . *L'exiftence & l'effence, &c.*

Ce font les propres paroles de St. Thomas d'Aquin. D'ailleurs toute la partie métaphyfique de fa *fomme* eft fondée fur la métaphyfique d'Ariftote.

(7) *Pour être, c'eft affez que vous foyez poffible.*

Voici où eft (ce me femble) le défaut de cet argument ingénieux de Defcartes. Je conclus l'exiftence de l'Etre nécef-

faire & éternel, de ce que j'ai apperçu clairement que quelque
chose exiſte néceſſairement & de toute éternité ; ſans quoi il
y aurait quelque choſe qui aurait été produit du néant & ſans
cauſe, ce qui eſt abſurde : donc un Être a exiſté toujours
néceſſairement & par lui-même. J'ai donc conclu ſon exiſtence de l'impoſſibilité qu'il ne ſoit pas, & non de la poſſibilité
qu'il ſoit. Cela eſt délicat, & devient plus délicat encore,
quand on oſe ſonder la nature de cet Être éternel & néceſ-
ſaire. Il faut avouer que tous ces raiſonnemens abſtraits ſont
aſſez inutiles ; puiſque la plûpart des têtes ne les comprennent
pas. Il ſerait aſſurément d'une horrible injuſtice & d'un énor-
me ridicule, de faire dépendre le bonheur & le malheur éternel du genre humain de quelques argumens que les neuf-
dixiemes des hommes ne ſont pas en état de comprendre. C'eſt
à quoi ne prennent pas garde tant de Scolaſtiques orgueil-
leux & peu ſenſés qui oſent enſeigner & menacer. Quand
un Philoſophe ſerait le maître du monde, encore devrait-il
propoſer ſes opinions modeſtement. C'eſt ainſi qu'en uſait
Marc Aurele & même Julien. Quelle différence de ces grands
hommes à Garaſſe, à Nonote, à l'abbé Guion, à l'Auteur
de la gazette eccléſiaſtique, au malheureux Paullien l'exjéſuite,
& à tant d'autres poliſſons !

(8) *J'en ferai tout autant.*

*Donnez-moi de la matiere & du mouvement, & je ferai
un monde.* Ces paroles de Deſcartes ſont un peu téméraires ;
elles n'auraient pas été permiſes à Platon. Paſſe qu'Archi-
mede ait dit : Donnez-moi un point fixe dans le ciel, & j'en
leverai la terre : il ne s'agiſſait plus que de trouver le levier.
Mais qu'avec de la matiere & du mouvement on faſſe des or-
ganes ſentants & des têtes penſantes, cela eſt bien fort. Je
doute même que Deſcartes & le Pere Merſenne enſemble
euſſent pû donner à la matiere la gravitation vers un centre,

Après tout, Defcartes avait de la matière, & du mouvement; nous n'en manquons pas. Que ne travaillait-il ? Que ne
faifait-il un petit automate de monde ? Avouons que dans
toutes ces imaginations, on ne voit que des enfans qui fe
jouent.

(9) . . . . . . *Ses atômes crochus.*

Démocrite, Epicure, Lucrèce avec leurs atômes décli-
nant dans le vuide, étaient pour le moins auffi enfans que
Defcartes avec fes tourbillons tournoiants dans le plein. Et
l'on ne peut que déplorer la perte d'un temps précieux em-
ployé a étudier férieufement ces fadaifes par des hommes
qui auraient pu être utiles.

Où eft l'homme de bon fens qui ait jamais conçu clairement que des atômes fe foient affemblés pour aller en li-
gne droite, & pour fe détourner enfuite à gauche ; moyen-
nant quoi ils ont produit des aftres, des animaux, des pen-
fées ? Pourquoi de tant de fabricateurs de mondes, ne s'en
eft-il pas trouvé un feul qui foit parti d un principe vrai, &
reçu de tous les hommes raifonnables? Ils ont adopté des
chimères & ont voulu les expliquer ; mais quelle explica-
tion ! Ils reffemblaient parfaitement aux Commentateurs des
anciens Hiftoriens. La Tour de Babel avait vingt-mille piés
de haut : donc les maçons avaient des grues de plus de
vingt-mille piés pour élever leurs pierres. Le lit du Roi Og
était de quinze piés & demi de long ; donc la taille du
Roi Og était de quinze piés. Le Serpent qui eut de longues
converfations avec Eve, ne put lui parler qu'en hébreu ; car
il devait lui parler en fa langue pour être entendu, & non
en la langue des Serpens. Et Eve devait parler le pur hébreu, puifqu'elle était la mère des Hébreux, & que ce langage n'avait pu encore fe corrompre. C'eft fur des raifons de

cette force que furent appuiés long-tems tous les commen-
taires & tous les syftêmes. Hérodote a dit que le foleil avait
changé deux fois de levant & de couchant ; & fur cela on
a recherché par quel mouvement ce phénomene s'était opéré.
Des favans fe font diftilés le cerveau pour comprendre comment le cheval d'Achille avait parlé grec, comment la nuit
que Jupiter paffa avec Alcmene fut une fois plus longue
qu'elle ne devait être , fans que l'ordre de la nature fût
dérangé, comment le foleil avait reculé au fouper d'Atrée
& de Thiefte , par quel fecret Hercule était refté trois jours
& trois nuits enfeveli dans le ventre d'une baleine , par
quel art au fon d'un inftrument les murs de .... Enfin on a
compilé & empilé des écrits fans nombre pour trouver la
vérité dans les plus abfurdes & les plus infipides fables.

(10) *Mais je penfe, entre nous, que vous n'exiftez pas.*

Spinofa, dans fon fameux livre, fi peu lu, ne parle que
de Dieu ; & on lui a reproché de ne point reconnaître de
Dieu. C'eft qu'il n'a point féparé la Divinité, du grand tout
qui exifte par elle. C'eft le Dieu de Straton, c'eft le Dieu
des Stoïciens.

Jupiter eft quodcumque vides , quòdcumque moveris.

C'eft le Dieu d'Aratus dans le fens d'une philofophie
audacieufe.

In Deo vivimus , movemur & fumus.

La marche de Spinofa eft plus géométrique que celle de
tous les Philofophes de l'antiquité. C'eft le premier Athée
qui ait procédé par lemmes & par théorêmes.

Bayle , en prenant la doctrine de Spinofa à la lettre , en
raifonnant d'après fes paroles , trouve cette doctrine con-

tradictoire & ridicule. En effet, qu'est-ce qu'un Dieu, dont tous les êtres seraient des modifications ; qui serait jardinier, & plante, médecin & malade ; homicide & mourant, destructeur & détruit ?

Bayle paraît opposer à Spinosa une dialectique tres-supérieure. Mais quel est le fort de toutes les disputes ! Jurieu regardait Bayle comme un compilateur d'idées plus dangereux que Spinosa. Arnaud & ses partisans tombaient sur Jurieu comme sur un fanatique absurde. Les jésuites accusaient Arnaud d'être au fond un ennemi de la religion ; & tout Paris voiait dans les jésuites, les corrupteurs de la raison & de la morale, & les fabricateurs des lettres de cachet. Pour Spinosa, tout le monde en parlait, & personne ne le lisait.

Voici l'analise de tous ses principes.

Il ne peut exister qu'Une substance : car qui est par soi doit être Un, & ne peut être limite. La substance doit donc être infinie.

Une substance ne peut en faire une autre ; puisqu'étant infinie par sa nature, un infini ne peut en créer un autre.

Il n'y a donc qu'Un infini dont tout est mode.

L'intelligence & la matiere existent : donc l'intelligence & la matière entrent dans la nature de cet Infini.

La substance étant infinie doit avoir une infinité d'attributs : donc l'infinité d'attributs est Dieu : donc Dieu est tout.

Ce systême a été assez réfuté par l'humain Fénelon, par le subtil Lami, & sur-tout, de nos jours, par M. l'abbé Condillac.

Si d'illustres adversaires peuvent servir en quelque forte à la gloire d'un auteur, on voit que jamais homme n'a été honoré d'ennemis plus respectables. Il a été attaqué par deux cardinaux des plus favans & des plus ingénieux qu'ait eu la France, tous deux chéris à la cour, tous deux ministres & ambassadeurs à Rome. Le premier lui fait la guerre en beaux vers latins dans fon anti-Lucrece, le fecond en beaux vers français dans une épître instructive & agréable.

Voici quelques-uns des vers latins.

Dogmata complexus , partim vefana ftratonis
Reftituit commenta , fuifque erroribus auxit
Omnigeni Spinofa Dei fabricator , & orbem
Appellare Deum , ne quis Deus imperet orbi,
Tanquam effet domus ipfa domum qui condidit, enfus
Sic rediviva novo fe fe munimine cinxit
Impietas , tumidumque altâ caput extulit arce.
Scilicet ex toto rerum glomeramine numen
Conftruxit , cui fint pro corpore corpora cuncta ,
Et cunctæ mentes pro mente , fimulque perenni
Pro vitâ atque ævo , fuga temporis ipfa caduci
Et qui feclorum jugis devolvitur ordo.
Pœna putes.

Voici quelques-uns des vers français.

Cesse de méditer dans ce fauvage lieu ;
Homme , plante , animaux , efprit , corps, tout est Dieu;
Spinofa le premier connut mon exiftence ;
Je fuis l'être complet & l'unique fubftance ;
La matiére & l'efprit en font les attributs,
Si je n'embraffais tout , je n'exifterais plus.
Principe univerfel je comprends tous les êtres;
Je fuis le fouverain de tous les autres maîtres ;
Les membres différens de ce vafte univers
Ne composent qu'un tout dont les modes divers

Dans les airs ; dans les cieux, sur la terre & sur l'onde,
Embelliſſent entre eux le théatre du monde ;
Et c'eſt l'accord heureux des êtres réunis,
Qui comble mes tréſors & les rends infinis.

Le livre du *Syſtême de la Nature* qu'on nous a donné
depuis peu, eſt d'un genre tout différent, c'eſt une Philippi-
que contre Dieu. L'auteur prétend que la matiere exiſte
ſeule, & qu'elle produit ſeule la ſenſation & la penſée.
Pour avancer une idée auſſi étrange, il faudrait au moins
tâcher de l'appuyer ſur quelque principe, & c'eſt ce que
l'auteur ne fait pas. Il a pris cette opinion chez Hobbes,
mais Hobbe ſe borne à la ſuppoſer, il ne l'affirme pas ;
il dit que des Philoſophes ſavans ont prétendu que tous les
corps ont du ſentiment. *Qui corpora, omnia ſenſu eſſe prædita*
ſuſtinuerunt.

Depuis Brama, Zoroaſtre & Thaut juſqu'à nous, chaque
Philoſophe a fait ſon ſyſtême ; & il n'y en a pas deux qui
ſoient de même avis. C'eſt un cahos d'idées dans lequel per-
ſonne ne s'eſt entendu. Le petit nombre des Sages eſt toujours parvenu à détruire les châteaux enchantés, mais jamais à pouvoir en bâtir un logeable. On voit par ſa raiſon
ce qui n'eſt pas, on ne voit point ce qui eſt. Dans ce con-
flict éternel de témérités & d'ignorances, le monde eſt toujours allé comme il va ; les pauvres ont travaillé, les ri-
ches ont joui ; les puiſſans ont gouverné, & les philoſophes ont argumenté, tandis que des ignorans ſe partageaient
la terre.

(11) *Qu'il faut parler au Verbe, & qu'il vous répondra*
Par quelle fatalité le ſyſtême de Mallébranche paraît-il
retomber dans celui de Spinoſa, comme deux vagues qui

femblent fe combattre dans une tempête , & le moment d'au près s'uniffent l'une dans l'autre?

Dieu , dit Mallebranche , eft le lieu des efprits , de même que l'efpace eft le lieu des corps. Notre ame ne peut fe donner d'idées. — Nos idées font efficaces puifqu'elles agiffent fur notre efprit. Or rien ne peut agir fur notre efprit que Dieu. — Donc il eft néceffaire que nos idées fe trouvent dans la fubftance effica= ce de la Divinité. Livre 3 , de l'efprit pur , partie 2.

Voilà les propres paroles de Mallebranche. Or fi nous ne pouvons avoir de perceptions que dans Dieu , nous ne pouvons donc avoir de fentiment que dans lui , ne faire aucune action que dans lui ; cela me paraît évident. On peut donc en inférer que nous ne fommes que des modifications de lui-même. Il n'y a donc dans l'univers qu'une feule fubftance. Voilà le Spinofifme , le Stratonifme tout pur. Et Mallebranche pouffe les illufions qu'il fe fait à lui-même jufqu'à vouloir au= torifer fon fyftême par des paffages de St. Paul & de St. Au= guftin.

Je ne dis pas que ce favant Prêtre de l'Oratoire fut Spi= nofifte , à Dieu ne plaife ; je dis qu'il fervait d'un plat dont un Spinofifte aurait mangé très volontiers. On fait que depuis il s'entretint familièrement avec le Verbe. Eh! pourquoi avec le Verbe plutôt qu'avec le St. Efprit? Mais comme il n'y avait perfonne en tiers dans la converfation , nous ne rendrons point compte de ce qui s'eft dit. Nous nous contentons de plaindre l'efprit humain , de gémir fur nous-mêmes , & d'ex= horter nos pauvres confreres les Hommes à l'indulgence.

(12) *Exprès pour nous damner.*

Il faut avouer que ce fyftême , qui fuppofe que l'Etre tout-puiffant , tout parfait & tout bon , a créé exprès des millions de milliards d'êtres raifonnables & fenfibles , pour en favoi=

B

ſer quelques douzaines, & pour tourmenter tous les autres à tout jamais, paraîtra toujours un peu brutal à quiconque a des mœurs douces.

(13) *Que ſans ſon harmonie....*

Notre ame étant *ſimple*, (car on ſuppoſe que ſon exiſtence & ſa *ſimplicité* ſont prouvées) elle peut réſider dans l'étoile du ñord ou du petit chien, & notre corps végéter ſur ce globe. L'ame a des idées là-haut, & notre corps fait ici les fonctions correſpondantes à ces idées, à peu-près comme un homme prêche, tandis qu'un autre fait les geſtes ; ou plutôt l'ame eſt l'horloge , & le corps ſonne ici les heu-res. Il y a des gens qui ont étudié cela ſérieuſement ; & l'inventeur de ce ſyſtême eſt celui qui a diſputé contre New-ton, & qui peut même avoir eu raiſon ſur quelques points.

Quant aux *monades*, tout Etre phiſique étant compoſé , doit être un réſultat d'Etres ſimples. Car dire qu'il eſt fait d'Etres compoſés, c'eſt ne rien dire. Des *monades* ſans parties & ſans étendue font donc l'étendue & les parties ; elles n'ont ni lieu, ni figure, ni mouvement, quoiqu'elles conſtituent des .corps qui ont figure & mouvement dans un lieu.

Chaque *monade* doit être différente d'une autre , ſans quoi ce ſerait un double emploi.

Chaque *monade* doit avoir des raports avec toutes les au-tres ; parce qu'il y en a entre les corps dont ces *monades* font l'aſſemblage. Ces raports entre ces *monades ſimples*, inétendues ne peuvent être que des idées, des perceptions. Il n'y a pas de raiſon, pour laquelle une monade ayant dés raports avec une de ſes compagnes, n'en ait pas avec toutes. Cha-que monade voit donc toutes les autres, & par conſéquent eſt un miroir concentrique de l'univers. Il y a un pays où cela s'eſt enſeigné dans des écoles à des gens qui avaient de la barbe au menton.

(14) :::::::::::::... *Dans ces turlupinades.*

On a fait affez connaître l'idée d'aller difféquer des cervelles de Patagons pour voir la nature de l'ame ; d'examiner les fonges pour favoir comment on penfe dans la veille ; d'enduire les malades de poix-réfine pour empêcher l'air de nuire ; de creufer un trou jufqu'au centre de la terre pour voir le feu central. Et ce qu'il y a de déplorable, c'eft que ces folies ont caufé des querelles & des infortunes.

(15) *Notre conful Maillet.* . . . . .

On connaît auffi le fyftême vraifemblable par lequel la mer a formé les montagnes, & la terre eft de verre ; mais celui-là n'a encore rien de funefte. Certes ceux qui ont inventé la charrue, la navette & les poulies étaient des dieux bienfaifans en comparaifon de tous ces rêveurs. Et il eft vrai qu'un opéra comique vaut mieux que les fyftêmes de Cudworth, de Wifton, de Burnet & de Woodward. Car ces fyftêmes n'ont appris aucune vérité & n'ont fait aucun plaifir ; mais l'opéra des gueux & le déferteur ont fait paffer très-agréablement le tems à plus de cent mille hommes.

(16) . . . . *Aux charniers, tout fe mêle d'écrire.*

Charniers des Sts. Innocents, belle place de Paris près du palais royal, & non loin du Louvre. C'eft là qu'on enterre tous les gueux au-lieu de les porter hors de la ville, comme on fait par-tout ailleurs. On y voit plufieurs écrivains qui font les placets au Roi, les lettres des cuifinieres à leurs amans, & les critiques des pieces nouvelles. On y a travaillé long-tems à l'année littéraire. Il y a le ftyle à cinq fous, & le ftyle à dix fous.

Qu'on écrive les imaginations de Monfieur Oufle, les mémoires d'un homme de qualité, les foliloques d'une ame dévote ; ou que l'on condamne les idées innées , & que l'on condamne enſuite ceux qui les rejettent ; qu'on donne au public les lettres de Thérefe à Sophie , ou qu'on diſe en mauvais latin , *que la vraie religion a été ſelon la variété des tems , variée & diverſe , quant à ſa forme & quant à la clarté de la révélation , & que cependant elle a toujours été la même depuis Adam , quant à ce qui appartient à la ſubſtance ,* que ces belles choſes , dis-je , partent des char-niers St. Innocent , ou de l'imprimerie de la veuve Simon', cela eſt bien égal , *Imitons le bon Dieu qui n'en a fait que rire.*

Concluons ſur-tout , qu'une nation qui s'amuſe continuel-lement de tant de ſottiſes , doit être une nation extrêmement opulente & extrêmement heureuſe , puiſqu'elle eſt ſi oiſive.

LES

CABALES.

Barbouilleurs de papier, d'où viennent tant d'intri-
   gues,
Tant de petits partis, de cabales, de brigues?
S'agit-il d'un emploi de Fermier-général,
Ou du large chapeau qui coëffe un Cardinal?
Etes-vous au conclave? Aspirez-vous au trône (1)
Où l'on dit qu'autrefois monta Simon-Barjone?
Ça, que prétendez-vous? — De la gloire — Ah! gredin ?
Sçais-tu bien que cent fois la briguèrent envain.
Sçais-tu ce qu'il coûta de périls & de peines
Aux Condés, aux Sullis, aux Colberts, aux Turennes;
Pour avoir une place au haut du mont-sacré,
De sultan Mouſtapha pour jamais ignoré?
Je ne m'attendais pas qu'un crapaut du Parnaſſe
Eut pu, dans ſon bourbier, s'enfler de tant d'audace;

   « Monſieur, écoutez-moi, j'arrive de Dijon,
» Et je n'ai ni logis, ni crédit, ni renom.
» J'ai fait de méchants vers; & vous pouvez bien croire

B 3

» Que je n'ai pas le front de prétendre à la gloire ;

» Je ne veux que l'ôter à quiconque en jouït.

» Dans ce noble métier l'ami Fréron m'inftruit ;

» Monfieur l'abbé *Profond* m'introduit chez les dames ;

» Avec deux beaux efprits nous ourdiffons nos trames.

» Nous ferons dans un mois l'un de l'autre ennemis,

» Mais le befoin préfent nous tient encore unis.

» Je me forme fous eux dans le bel art de nuire,

» Voilà mon feul talent ; c'eft la gloire où j'afpire.

Laiffons là de Dijon ce pauvre garnement (2),

Des bâtards de Zoïle imbécile inftrument ;

Qu'il coure à l'hôpital où fon deftin le mène.

Allons nous réjouïr aux jeux de Melpomène....

Bon ! j'y vois deux partis l'un à l'autre oppofés.

Léon dix & Luther étaient moins divifés.

L'un claque, l'autre fifle ; & l'antre du parterre (3)

Et les caffés voifins font le champ de la guerre.

Je vais chercher la paix au temple des chanfons ;

J'entends crier » Lulli, Campra, Rameau, Bouffons (4),

» Etes-vous pour la France ou bien pour l'Italie ?

Je fuis pour mon plaifir, Meffieurs. Quelle folie

Vous tient ici debout, fans vouloir écouter ?

Ne suis-je à l'opéra que pour y disputer?

Je sors, je me dérobe aux flots de la cohue;
Les laquais assemblés cabalaient dans la rue.
Je me sauve avec peine aux jardins si vantés
Que la main de Lenautre avec art a plantés.

D'autres fous à l'instant une troupe m'arrête;
Tous parlent à la fois, tous me rompent la tête....
» Avez-vous lu sa piece? Il tombe, il est perdu;
» Par le dernier journal je le tiens confondu.
Qui? de quoi parlez-vous? D'où vient tant de colère?
Quel est votre ennemi? — » C'est un vil témétaire,
» Un rimeur insolent qui cause nos chagrins;
» Il croit nous égaler en vers Alexandrins.
Fort bien: de vos débats je conçois l'importance.

Mais un gros de bourgeois de ce côté s'avance.
» Choisissez, (me dit-on) du vieux ou du nouveau.
Je croyais qu'on parlait d'un vin qu'on boit sans eau;
Et qu'on examinait si les gourmets de France
D'une vendange heureuse avaient quelque espérance,
Ou que des érudits balançaient doctement
Entre la loi nouvelle & le vieux testament.
Un jeune candidat, de qui la chevelure
Passait de Clodion la royale coëffure, (5)

B 4

Me dit d'un ton de maître, avec peine adouci,

» Ce font nos Parlemens, dont il s'agit ici.

» Lequel préférez-vous? — Aucun d'eux, je vous jure.

Je n'ai point de procés ; & dans ma vie obfcure

Je laiffe au roi mon maître, en pauvre citoyen,

Le foin de fon royaume, où je ne prétends rien.

Affez de grands efprits, dans leur troifieme étage,

N'ayant pu gouverner leur femme & leur ménage, (6)

Se font mis, par plaifir, à régir l'univers.

Sans quitter leur grenier, ils traverfent les mers ;

Ils raniment l'Etat, le peuplent, l'enrichiffent ;

Leurs marchands de papier font les feuls qui gémiffent.

Moi, j'attends dans un coin que l'imprimeur du roi

M'apprenne, pour dix fous, mon devoir & ma loi.

Tout confus d'un édit, qui rogne mes finances,

Sur mes biens écornés je règle mes dépenfes.

Rebuté de Plutus, je m'adreffe à Cérès,

Ses fertiles bontés garniffent mes guérets.

La campagne en tout temps, par un travail utile,

Répara tous les maux qu'on nous fit à la ville.

On eſt un peu fâché ; mais qu'y faire ? — obéir.

A quoi bon cabaler, quand on ne peut agir ?

  » Mais, Monfieur, des Capets les loix fondamentales,

» Et le grenier à fel, & les cours féodales,

» Et le gouvernement du Chancelier Duprat....

　　Monfieur, je n'entends rien aux matières d'Etat.

Ma loi fondamentale eft de vivre tranquille.

La fronde était plaifante ; & la guerre civile (7)

Amufait la Grand'Chambre & le Coadjuteur.

Barricadez-vous bien ; je m'enfuis, ferviteur.

　　A peine ai-je quitté mon jeune énergumène ;

Qu'un groupe.de Savans m'enveloppe & m'entraîne.

D'un air d'autorité l'un d'eux me tire à part....

» Je vous goûtai ; dit-il, lorfque de faint Médard (8)

» Vous crayonniez gaiement la cabale groffière

» Gambadant pour la grace au ·coin d'un cimetiere ;

» Les Billets au porteur des Chrétiens trépaffés , ·

» Les fils de Loyola fur la terre éclipfés ;

» Nous applaudimes tous à votre noble audace,

» Lorfque vous nous prouviez qu'un maroufle à beface,

» Dans fa craffe orgueilleufe à ·charge au genre-humain ,

» S'il eut béché la terre , eut fervi fon prochain.

» Jouiffez d'une gloire avec peine achetée.

» Acceptez à la fin votre brevet d'athée.

　　Ah ! vous êtes trop bon.· Je fens au fond du cœur

Tout le prix qu'on doit mettre à·cet·excès d'honneur;

Il eft vrai ; j'ai raillé faint Médard & la Bulle ;

Mais j'ai sur la nature encor quelque scrupule,
L'Univers m'embarasse, & je ne puis songer
Que cet horloge existe, & n'ait point d'horloger (9).
Mille abus, je le sais, ont regné dans l'Eglise :
Fleury le confesseur en parle avec franchise (10).
J'ai pu de les siffler prendre un peu trop de soin.
Eh ! quel auteur, hélas ! ne va jamais trop loin ?
De saint Ignace encore on me voit souvent rire.
Je crois pourtant un Dieu, puisqu'il faut vous le dire...

» Ah traître ! ah malheureux ! je m'en étais douté.
» Va, j'avais bien prévu ce trait de lâcheté,
» Alors que de Maillet insultant la mémoire (11),
» Du monde qu'il forma, tu combattis l'histoire...
» Ignorant ! vois l'effet de mes combinaisons.
» Les hommes autrefois ont été des poissons,
» La mer de l'Amérique a marché vers le Phâse.
» Les huitres d'Angleterre ont formé le Caucâse,
» Nous te l'avions appris ; mais tu t'es éloigné
» Du vrai sens de Platon par nous seuls enseigné.
» Lâche ! oses-tu bien croire une essence suprême ?
Mais oui. — » De la nature as-tu lu le système ?
» Par tes propos diffus, n'es-tu pas foudroyé ?
» Que dis-tu de ce livre ? — Il m'a fort ennuyé.... (12)
» C'en est assez, ingrat ! ta perfide insolence

» Dans mon premier Concile aura sa récompense,

» Va, sot adorateur d'un phantôme impuissant,

» Nous t'avions jusqu'ici préservé du néant,

» Nous t'y ferons rentrer ainsi que ce grand-Etre

» Que tu prends bassement pour ton unique maître.

» De mes amis, de moi, tu seras méprisé. ——

Soit. — » Nous insulterons à ton génie usé. ——

J'y consens — » Des fatras de brochures sans nombre

» Dans ta bierre à grands flots vont tomber sur ton
        ombre. ——

Je n'en sentirai rien. — » Nous t'abandonnerons

» Aux puissans Langlevieux aux immortels Fiérons. (13)

Ah ! Bachelier du Diable, un peu plus d'indulgence.

Nous avons, vous & moi, besoin de tolérance.

Que deviendrait le monde & la société,

Si tout, jusqu'à l'Athée, était sans charité !

Permettez qu'ici-bas chacun fasse à sa tête.

J'avouerai qu'Epicure avait une ame honnête ;

Mais le grand Marc-Aurele était plus vertueux.

Lucrèce avait du bon ; Cicéron valait mieux.

Spinosa pardonnait à ceux dont la faiblesse

D'un moteur éternel admirait la sagesse.

Je crois qu'il est un Dieu ; vous osez le nier.

Examinons le fait, sans nous injurier.

J'ai defiré cent fois, dans ma verte jeuneffe,
De voir notre Saint-Père, au fortir de la meffe,
Avec le grand Lama, danfant un cotillon;
Boffuet le funèbre embraffant Fénelon;
Et le verre à la main Le Tellier & Noailles
Chantant chez Maintenon des couplets dans Verfailles.
Je préférais Chaulieu coulant en paix fes jours
Entre le Dieu des vers & celui des amours,
A tous ces froids Sayans dont les vieilles quèrelles
Traînaient fi pefamment les dégoûts après elles.

Des charmes de la paix mon cœur était frappé :
J'efpérais en jouïr ; je me fuis bien trompé.
On cabale à la cour, à l'armée, au parterre.
Dans Londres, dans Paris, les efprits font en guerre;
Ils y feront toujours, La Difcorde autrefois,
Ayant brouillé les dieux, defcendit chez les rois;
Puis dans l'églife fainte établit fon empire,
Et l'étendit bientôt fur tout ce qui refpire.
Chacun vantait la paix que par-tout on chaffa.
On dit que feulement par grace on lui laiffa
Deux aziles fort doux ; c'eft le lit & la table.
Puiffe-t-elle y fixer un règne un peu durable!
L'un d'eux me plaît encore. Allons, amis, buyons;
Cabalons pour Cloris, & faifons des chanfons.

NOTES

SUR LES CABALES,

Par Mr. DE MORZA.

(1) *Le trône.*

Ce trône eſt très-reſpectable. Il eſt ſans doute l'objet d'une louable émulation. Simon fils de Jones, nommé Céphas ou Pierre, eſt un très-grand ſaint. Mais il n'eut point de trône. Celui au nom duquel il parlait, avait défendu expreſſément à tous ſes envoyés de prendre même le nom de *docteur*, de *maître*, & avait déclaré que qui voudrait être le premier ſerait le dernier. Les choſes ſont changées; & dans la ſuite des tems le trône devint la récompenſe de l'humilité paſſée.

(2) *De Dijon ce pauvre garnement.*

Ce garnement de Dijon eſt un nommé Clément, maître de quartier dans un collége de Dijon, qui a fait un livre contre Meſſieurs de St. Lambert, de Lile, de Vatelet; Dorat & pluſieurs autres perſonnes. L'auteur des Cabales fut maltraité dans ce livre où regne un air de ſuffiſance, un ton déciſif & tranchant qui a été tant blâmé par tous les honnêtes gens dans les hommes les plus acrédités de la littérature, & qui eſt le comble de l'inſolence & du ridicule dans un jeune Provincial ſans expérience & ſans génie. On nous dit qu'il faut mépriſer un auteur de libelles; oui, il faut le mépriſer, & le corriger.

(3) *Et l'antre du parterre.*

C'eft principalement au parterre de la comédie françaife ; à la repréfentation des pieces nouvelles, que les Cabales écla- tent avec le plus d'emportement. Le parti qui fronde l'ou- vrage & le parti qui le foutient, fe rangent chacun d'un côté. Les émiffaires reçoivent à la porte ceux qui entrent, & leur difent, venez-vous pour fiffler ? mettez-vous là. Venez-vous pour applaudir, mettez-vous ici. On a joué quelquefois aux dez la chûte ou le fuccès d'une tragédie nouvelle au caffé de Procope. Ces Cabales ont dégoûté les hommes de génie, & n'ont pas peu fervi à décréditer un fpectacle qui avait fait fi long-tems la gloire de la nation.

(4) *Rameau, Bouffons.*

La même manie a paffé à l'opéra & a été encore plus tumultueufe. Mais les Cabales au théâtre français ont un avantage que les Cabales de l'opéra n'ont pas, c'eft celui de la Satire raifonnée. On ne peut à l'opéra critiquer que des fons. Quand on a dit cette chaconne, cette loure me déplaît, on a tout dit. Mais à la comédie on examine des idées, des raifonnemens, des paffions, la conduite, l'expofi- tion, le nœud, le dénouement, le langage. On peut vous prouver méthodiquement, & de conféquence en conféquence, que vous êtes un fot, qui avez voulu avoir de l'efprit, & qui avez affemblé quinze cent perfonnes pour leur prouver que vous en favez plus qu'eux. Chacun de ceux qui vous écou- tent eft fans le favoir un peu jaloux de vous ; il eft en droit de vous critiquer, & vous êtes en droit de lui répondre. Le feul malheur eft que vous êtes trop fouvent un contre mille.

Il en va autrement en fait de mufique ; il n'y a que le potier qui foit jaloux du potier, & le muficien du muficien, difait Héfiode. Il y faut feulement ajouter encore les partifans du muficien ; mais ceux-là font ennemis & ne font point jaloux. Dans les talens de l'efprit au contraire , tout le monde eft jaloux en fecret ; & voilà pourquoi tous les gens de lettres méprifés quand ils n'ont pas réuffi, ont été perfécutés dès qu'ils ont eu de la réputation.

(5) *La royale coëffure.*

Il n'y a pas long-tems que les jeunes confeillers allaient au tribunal les cheveux étalés, & poudrés blanc, ou blanc poudrés.

(6) *N'ayant pu gouverner.*

L'Europe eft pleine de gens qui ayant perdu leur fortune veulent faire celle de leur patrie, ou de quelque état voifin. Ils préfentent aux Miniftres des mémoires qui rétabliront les affaires publiques en peu de tems ; & en attendant, ils demandent une aumône qu'on leur refufe. Boifguilbert qui écrivit contre le grand Colbert, & qui enfuite ofa attribuer fa dixme royale au maréchal de Vauban, s'était ruiné. Ceux qui font affez ignorants pour le citer encore aujourd'hui, croyant citer le maréchal de Vauban, ne fe doutent pas que fi on fuivait fes beaux fyftêmes, le royaume ferait auffi miférable que lui. Celui qui a imprimé le moyen d'enrichir l'Etat fous le nom du Comte de Boulainviliers, eft mort à l'hôpital. Le petit la Jonchere qui a donné tant d'argent au Roi en quatre volumes, demandait l'aumône. Tels font les gens qui enfeignent l'art de s'enrichir par le commerce après avoir fait banqueroute, & ceux qui font le tour du monde fans fortir de leur cabinet, & ceux qui n'ayant jamais poffédé une charrue rempliffent nos greniers de froment. D'ailleurs la littérature ne fubfifte prefque plus que d'infâmes plagiats ou de libelles. Jamais cette profeffion fi belle n'a été ni fi univerfelle ni fi avilie.

(7) *La fronde était plaisante.*

La fronde en effet était fort plaisante, si on ne regarde
que ses ridicules. Le Président le Cogneux qui chasse de
chez lui son fils le célébre Bachaumont, Conseiller au Parlement, pour avoir opiné en faveur de la cour, & qui fait
mettre ses chevaux dans la rue, Bachaumont qui lui dit,
mon pére, mes chevaux n'ont pas opiné, & qui de raillerie
en raillerie fait boire son père à la santé du Cardinal Mazarin proscrit par le Parlement; le gentilhomme ami du Coadjuteur qui vient pour le servir dans la guerre civile, & qui
trouvant un de ses camarades chez ce Prélat, lui dit, il n'est
pas juste que les deux plus grands fous du royaume servent
sous le même drapeau, il faut se partager, je vais chez le
Cardinal Mazarin, & qui en effet va de ce pas battre les
troupes auxquelles il était venu se joindre; ce même Coadjuteur qui prêche & qui fait pleurer des femmes, un de ses
convives qui leur dit, Mesdames, si vous saviez ce qu'il a
gagné avec vous, vous pleureriez bien davantage : ce même
Archevêque qui va au Parlement avec un poignard, & le peu-
ple qui crie, c'est son bréviaire ; & toutes les expéditions de
cette guerre méditées au cabaret, & les bons mots, & les
chansons qui ne finissaient point ; tout cela serait bon sans
doute pour un opéra comique. Mais les fourberies, les pil-
lages, les rapines, les scélératesses, les assassinats, les crimes
de toute espece dont ces plaisanteries étaient accompagnées,
formaient un mêlange hideux des horreurs de la ligue & des
farces d'arlequin. Et c'étaient des gens graves, des *patres
conscripti*, qui ordonnaient ces abominations & ces ridicules. Le cardinal de Rets dit dans ses mémoires *que le Parlement faisait par des arrêts la guerre civile, qu'il aurait
condamnée lui-même par les arrêts les plus sanglants.*

L'auteur que je commente , avait peint cetté guerré dé Anges dans le fiecle de Louis XIV ; un de ces Magiftrats qui ayant acheté leurs charges quarante ou cinquante mille francs , fe crojaient en droit de parler orgueilleufement aux Lettrés , écrivit à l'auteur que Meffieurs pourraient le faire repentir d'avoir dit ces vérités , quoique reconnues. Il lui répondit : » Un Empereur de la Chine dit un jour à l'hif. » toriographe de l'empire , je fuis averti que vous mettez par » écrit mes fautes , tremblez. L'hiftoriogaphe prit fur le champ des tablettes. Quofez ? vous écrire là ? ce que votre majeftá vient de me dire. L'Empereur fe recueillit , & dit : écriyez tout , mes fautes feront réparées.

(8) Lorfque de faint Médard.

On connaît le fanatifme des convulfions de St. Médard qui durerent fi long-tems dans la populace , & qui furent entretenues par le préfident Dubois , le confeiller Carré & d'autres énergumenes. La terre a été mille fois inondée de fuperftitions plus affreufes : mais jamais il n'y en eut de plus fotte & de plus aviliffante. L'hiftoire des billets de confeff. fion & l'expulfion des jéfuites fuccéderent bientôt à ces fa-céties. Obfervez fur-tout que nous avons une lifte de mira-cles opérés par ces malheureux , fignée de plus de cinq cent perfonnes. Les miracles d'Efculape , ceux de Vefpafien , & d'Apollonius de Thiane , n'ont pas été plus autentiques.

(9) Que cette horloge exifte.

Si une horloge prouve un horloger , fi un palais annonce un architecte , comment en effet l'univers ne démontre-t-il pas une intelligence fuprême ? Quelle plante , quel animal , quel élément , quel aftre ne porte pas l'empreinte de celui que Platon appellait l'éternel géometre ? Il me femble que

C

le corps du moindre animal démontre une profondeur & une
unité de deffein qui doit à la fois nous ravir en admiration
& attérer notre efprit. Non-feulement ce chétif infecte eft
une machine dont tous les refforts font faits exactement
l'un pour l'autre ; non-feulement il eft né, mais il vit par un
art que nous ne pouvons ni imiter ni comprendre ; mais fa
vie a un rapport immédiat avec la nature entière, avec tous
les éléments, avec tous les aftres dont la lumière fe fait
fentir à lui. Le foleil le réchauffe, & les rayons qui partent
de Sirius à quatre cent millions de lieues au-delà du foleil,
pénétrent dans fes petits yeux felon toutes les regles de
l'optique. S'il n'y a pas là immenfité & unité de deffein qui
démontrent un fabricateur intelligent, immenfe, unique, in-
compréhenfible, qu'on nous démontre donc le contraire.
Mais c'eft ce qu'on n'a jamais fait. Platon, Neuton, Loke
ont été frappés également de cette grande vérité. Ils étaient
Theiftes dans le fens plus rigoureux & le plus refpectable.

Des objections ! on nous en fait fans nombre ; des ridicules ! on croit nous en donner en nous appellant caufe fina-
liers, mais des preuves contre l'exiftence d'une intelligence
fuprème, on n'en a jamais apporté aucune. Spinofa lui-
même eft forcé de reconnaître cette intelligence ; & Vir-
gile avant lui, & après tant d'autres avait dit, *Mens agitat*
molem. C'eft ce *Mens agitat molem* qui eft le fort de la dif-
pute entre les Athées & les Théiftes, comme l'avoue le
géomètre Clarke dans fon livre de l'exiftence de Dieu,
livre le plus éloigné de notre bavarderie ordinaire, livre le
plus profond & le plus ferré que nous ayons fur cette matiere, livre auprès du quel ceux de Platon ne font que des
mots, & auquel je ne pourrais préférer que le naturel &
la candeur de Loke.

(10) *Fleuri le confesseur en parle avec franchise.*

Fleuri, célèbre par ses excellens discours qui sont d'un sage écrivain & d'un citoyen zélé ; connu aussi par son histoire ecclésiastique qui ressemble trop en plusieurs endroits à la légende dorée.

(11) *Alors que de Maillet, &c.*

Ce consul Maillet fut un de ces charlatans dont on a dit qu'ils voulaient imiter Dieu, & créer un monde avec la parole. C'est lui qui abusant de l'histoire de quelques boule-versemens avérés arrivés dans ce globe, prétend que les mers avaient formé les montagnes, & que les poissons avaient été changés en hommes. Aussi quand on a imprimé son livre, on n'a pas manqué de le dédier à Cirano de Bergerac.

(12) *Il m'a fort ennuyé.*

Il y a des morceaux éloquents dans ce livre ; mais il faut avouer qu'il est diffus, & quelquefois déclamateur, qu'il se contredit, qu'il affirme trop souvent ce qui est en question, & sur-tout qu'il est fondé sur de prétendues expériences dont la fausseté & le ridicule sont aujourd'hui reconnues & sifflées de tout le monde. Tenons-nous en à ce dernier article qui est le plus palpable de tous. C'est cette fameuse transmutation qu'un pauvre jésuite Anglais nommé Needham crut avoir faite de jus de mouton & de bled pourri, en petites anguilles ; lesquelles produisaient bientôt une race innombra-ble d'anguilles. Nous en avons parlé ailleurs.

On disait au jésuite Needham que cela n'était bon que du tems d'Aristote, de Gamaliel, de Flavien-Joseph, & de Philon, où l'on croiait que la génération s'opérait par la cor-ruption, & que le limon de l'Egypte formait des rats. Il

répondait que nôtre Sauveur lui-même & ſes Apôtres avaient
dit pluſieurs fois qu'il faut que le bled pourriſſe & meure
pour lever & pour produire, & que par conſéquent ſon bled
pourri & ſon jus de mouton faiſaient naître des races d'anguilles infailliblement. On avait beau lui repliquer que Jeſus-Chriſt
daignait ſe conformer aux idées fauſſes & groſſieres des pay-
ſans Galiléens, ainſi qu'il daignait ſe vêtir à leur mode, parler
leur langage, & obſerver tous leurs rites ; mais que la ſa-
geſſe incarnée devait bien ſçavoir que rien ne peut naître
ſans germe ; que ſon ſyſtême était auſſi dangereux qu'extra-
vagant ; que ſi on pouvait former des anguilles avec du jus
de mouton, on ne manquerait pas de former des hommes
avec du jus de perdrix ; qu'alors on croiroit pouvoir ſe paſſer
de Dieu, & que les athées s'empareraient de la place. Needham n'en démordait point ; & auſſi mauvais raiſonneur que
mauvais chimiſte, il perſiſta long-tems à ſe croire créateur
d'anguilles. De ſorte que par une étrange bizarrerie un jéſuite
ſe ſervait des propres paroles de Jeſus-Chriſt pour établir ſon
opinion ridicule, & les athées ſe ſervaient de l'ignorance & de
l'opiniâtreté d'un jéſuite pour ſe confirmer dans l'athéiſme.
On citait par-tout la découverte de Needham. Un des plus
intrépides athées m'aſſurait que dans la ménagerie du Prince
Charles à Bruxelle, il y avait un lapin qui faiſait tous les
mois des lapreaux à une poule. Enfin, l'expérience du jéſuite
fut reconnue pour ce qu'elle était ; & les athées furent obligés
de ſe pourvoir ailleurs.

Spinoſa, circonſpect & fort honnête homme. Nous l'ap-
pellons ici *Baruz*, parce que c'eſt ſon véritable nom. On ne
lui a donné celui de Bénoît, que par erreur. Il ne fut jamais
batiſé. Nous avons fait une note plus longue ſur ce ſophiſte à
la ſuite du petit poëme ſur les ſyſtêmes.

(13) *Au puiſſant Langlevieux.*

C'eſt ce même Langlevieux la Beaumelle , dont il eſt parlé ainſi dans un recueil de pieces imprimé en 1771.

» Le Sr, Labeaumelle en 1752 , vendit à Francfort au librai-
» re Eſſelinger pour dix-ſept louis d'or , le ſiecle de Louis
» XIV. dont il avait fait un libelle diffamatoire. Il le chargea
» de notes dans leſquelles il dit , qu'il ſoupçonne Louis XIV.
» d'avoir fait empoiſonner le marquis de Louvois ſon miniſtre
» dont il était excédé , & qu'en effet ce miniſtre craignait
» que le Roi ne l'empoiſonnât. (*Tome III, pag.* 269 & 271).

» Que Louis XIV. aiant promis à madame de Maintenon
» de la déclarer Reine , madame la Ducheſſe de Bourgogne ir-
» ritée engagea le Prince ſon époux , père du Roi règnant , à
» ne point ſecourir Lile , aſſiégée alors par le Prince Eugène,
» & à trahir ſon Roi , ſon aïeul & ſa patrie. Il ajoute que l'ar-
» mée des aſſiégeans jettait dans Lile des billets dans leſquels
» il était écrit. *Raſſurez-vous , François , la Maintenon ne ſera*
» *pas Reine , nous ne leverons pas le ſiege.*

» La Beaumelle rapporte la même anecdote dans les mé-
» moires qu'il a fait imprimer ſous le nom de madame de
» Maintenon. (*Tome IV. pag.* 109.)

» Qu'on trouva l'acte de célébration de mariage de Louis
» XIV. avec madame de Maintenon, dans de vieilles culottes
» de l'Archevêque de Paris ; mais qu'un tel mariage n'eſt pas
» extraordinaire, attendu que Cléopatre déjà vieille enchaîna
» Auguſte. (*Tome III , pag.* 75.)

» Que le Duc de Bourbon étant premier miniſtre fit aſ-
» ſaſſiner · Vergier , ancien commiſſaire de Marine , par un
» Officier auquel il donna la croix de St. Louis pour ré-
» compenſe. (*Tome III. du ſiecle, pag.* 323.)

» Que le grand père de l'Empereur aujourd'hui règnant ,

C 3

» avait, ainſi que ſa maiſon, des empoiſonneurs à gages.
» (*Tome II*, pag. 345.)

» Les calomnies abſurdes contre le Duc d'Orléans, régent
» du royaume, ſont encore plus exécrables ; on ne veut pas en
» ſouiller le papier. Les enfans de la Voiſin, de Cartouche &
» de Damiens, n'auraient jamais oſé écrire ainſi, s'ils avaient
» ſçu écrire. L'ignorance de ce malheureux égalait ſa déteſ-
» table impudence.

» Cette ignorance eſt pouſſée juſqu'à dire que la loi qui
» veut que le premier Prince du ſang hérite de la couronne
» au défaut d'un fils du Roi, *n'exiſta jamais*.

» Il aſſure hardiment que le jour que le Duc d'Orléans ſe fit
» reconnaître à la cour des Pairs, régent du royaume, le
» Parlement ſuivit conſtamment l'inſtabilité de ſes penſées ;
» que le premier Préſident de Maiſons était prêt à former un
» parti pour le Duc Dumaine, quoiqu'il n'y ait jamais eu de
» premier Préſident de ce nom.

» Toutes ces inepties écrites du ſtyle d'un laquais qui veut
» faire le bel eſprit & l'homme important, furent reçues
» comme elles le méritaient ; on n'y prit pas garde, mais on
» rechercha le malheureux qui pour un peu d'argent avait
» vomi tant de calomnies atroces contre toute la famille roya-
» le, contre les miniſtres, les généraux & les plus honnêtes
» gens du royaume. Le gouvernement fut aſſez indulgent pour
» ſe contenter de le faire enfermer dans un cachot le 24 Avril
» 1753.

» Après avoir publié ces horreurs, il ſe ſignala par un autre
» libelle intitulé, *Mes Penſées*, dans lequel il inſulta nommé-
» ment Meſſieurs d'Erlach, de Vateville, de Dieſbach, de
» Sinner, & d'autres membres du conſeil ſouverain de Berne
» qu'il n'avait jamais vus. Il voulut enſuite en faire une nou-
» velle édition ; Monſieur le Comte d'Erlach en écrivit en

» France où la Beaumelle était pour lors ; on l'exila dans le
» pays des Cévennes dont il est natif.

» Il avait outragé la Maison de Saxe dans le même libelle
» (*page* 108.) & s'était enfui de Gotha avec une femme de
» chambre qui venait de voler sa maîtresse.

» Lorsqu'il fut en France il demanda un certificat à madame
» la Duchesse de Gotha. Cette Princesse lui fit expédier ce-
» lui-ci.

» On se rappelle très-bien que vous partites d'ici avec la
» gouvernante des enfans d'une dame de Gotha ; qui s'éclipsa
» furtivement avec vous après avoir volé sa maîtresse ; ce dont
» tout le public est pleinement instruit ici. Mais nous ne disons
» pas que vous ayez part à ce vol. A Gotha 24 Juillet 1767.
» signé , ROUSSAULT , conseiller aulique de Son Altesse Séré-
» nissime.

Ce même homme s'est depuis associé avec Fréron , & malgré tant d'horreurs & tant de bassesses , il a surpris la protec-
tion d'une personne respectable qui ignorait ses excès ridicules.
Mais , *oportet cognosci malos.*

Nous ajouterons à cette note que Boileau attaqua toujours
des personnes dont il n'avait pas le moindre sujet de se plaindre , & que notre auteur s'est toujours borné à repousser les
injures & les calomnies des *Rollets* de son tems. Il y avait deux
partis à prendre , celui de négliger les impostures atroces que
la Beaumelle a vomies pendant vingt ans , & celui de les rele-
ver. Nous avons jugé le dernier parti plus juste & plus con-
venable.

C'est rendre un service essentiel à plus de cent familles ;
de faire connaître le vil scélérat qui a osé les outrager.

Les ministres d'Etat , & tous ceux qui sont chargés de
maintenir l'ordre public , doivent sçavoir que ces libelles mé-
prisables sont recherchés dans l'Allemagne , dans l'Angle

tèrre, dans tout le Nord ; qu'il y en a de toute efpece ; qu'on les lit avidement, comme on y boit pour du vin de Bourgogne les vins fait à Liège, que la faim & la malice produifent tous les jours de ces ouvrages infames, écrits quelquefois avec affez d'artifice ; que la curiofité les dévore, qu'ils font peudant un temps une impreffion dangereufe; que depuis peu l'Europe a été inondée de ces fcandales ; & que plus la iangue françaife a de cours dans les pays étrangers, plus on doit l'employer contre les malheureux qui en font un fi coupable ufage, & qui fe rendent fi indignes de leur patrie.

LA
BEGUEULE,
CONTE MORAL.

Dans fes écrits un fage Italien
Dit que le mieux eft l'ennemi du bien.
Non qu'on ne puiffe augmenter en prudence ;
En bonté d'ame , en talens , en fcience.
Cherchons le mieux fur ces chapitres-là :
Par tout ailleurs évitons la chimère.
Dans fon état , heureux qui peut fe plaire ,
Vivre à fa place , & garder ce qu'il a !

    La belle Arfène, en eft la preuve claire.
Elle était jeune ; elle avait à Paris
Un tendre époux empreffé de complaire
A fon caprice , & foufrant fes mépris.
L'oncle, la fœur, la tante, le beau-père,
Ne brillaient pas parmi les beaux-efprits ;
Mais ils étaient d'un fort bon caractère,
Dans le logis , des amis fréquentaient ;
Beaucoup d'aifance ; une affez bonne-chère ;
Les paffe-tems que nos gens connaiffaient ,
Jeu, bal , fpectacle & foupers agréables

Rendaient ses jours à peu-près tolérables.
Car vous savez que le bonheur parfait
Est inconnu ; pour l'homme il n'est pas fait.
Madame Arsène était fort peu contente
De ses plaisirs. Son superbe dégout
Dans ses dédains fuyait ou blâmait tout :
On l'apellait la belle impertinente.

  Or admirez la faiblesse des gens.
Plus elle était distraite, indiférente,
Plus ils tâchaient, par des soins complaisans,
D'aprivoiser son humeur méprisante ;
Et plus aussi notre belle abusait
De tous les pas que vers elle on faisait.
Pour ses amans encor plus intraitable,
Aise de plaire, & ne pouvant aimer,
Son cœur glacé se laissait consumer
Dans le chagrin de ne voir rien d'aimable.
D'elle à la fin chacun se retira.
De courtisans elle avait une liste ;
Tout prit parti ; seule elle demeura
Avec l'orgueil, compagnon dur & triste :
Boufi, mais sec, ennemi des ébats,
Il renfle l'ame & ne la nourit pas.

  La dégoutée avait eu pour maraine
La fée Aline. On sait que ces esprits
Sont mitoyens entre l'espè ce humaine

Et la divine ; & monsieur Gabalis

Mit par écrit leur histoire certaine.

La fée allait quelquefois au logis

De sa filleule, & lui disait : » Arsène,

» Es-tu contente à la fleur de tes ans ?

» As-tu des goûts & des amusemens ?

» Tu dois mener une assez douce vie ".

L'autre en deux mots répondait : *je m'ennuye.*

» C'est un grand mal (dit la fée) & je croi,

» Qu'un beau secret c'est de vivre chez soi ".

Arsène enfin conjura son Aline

De la tirer de son maudit pays.

» Je veux aller à la sphére divine :

» Faites moi voir votre beau paradis ;

» Je ne saurais suporter ma famille,

» Ni mes amis. J'aime assez ce qui brille,

» Le beau, le rare ; & je ne puis jamais

» Me trouver bien que dans votre palais.

» C'est un goût vif dont je me sens coëfée ".

» Très volontiers , dit l'indulgente fée ".

Tout aussi-tôt dans un char lumineux

Vers l'orient la belle est transportée :

Le char volait ; & notre dégoutée,

Pour être en l'air, se croyait dans les cieux.

Elle descend au séjour magnifique

De la maraine. Un immense portique

D'or cifelé dans un goût tout nouveau;
Lui parut riche & paffablement beau;
Mais ce n'eft rien, quand on voit le château.
Pour les jardins c'eft un miracle unique;
Marli, Verfaille, & leurs petits jets-d'eau
N'ont rien auprès qui furprenne & qui pique.
La dédaigneufe à cette œuvre angélique
Sentit un peu de fatisfaction.
Aline dit : « voilà votre maifon,
 » Je vous y laiffe un pouvoir defpotique,
 » Commandez-y. Toute ma nation
 » Obéira fans aucune réplique.
 » J'ai quatre mots à dire en Amérique ;
 » Il faut que j'aille y faire quelques tours ;
 » Je reviendrai vers vous dans peu de jours.
 » J'efpère au moins, dans ma douce retraite,
 » Vous retrouver l'ame un peu fatisfaite ».
    Aline part. La belle en liberté
Refte & s'arange au palais enchanté,
Commande en reine ou plutôt en déeffe.
De cent beautés une foule s'empreffe
A prévenir fes moindres volontés.
A-t-elle faim ? Cent plats font aportés ;
De vrai nectar la cave était fournie,
Et tous les mets font de pure ambrofie ;
Les vafes font du plus fin diamant.

Le repas fait , on la mène à l'inftant
Dans les jardins , fur les bords des fontaines ;
Sur les gazons , refpirer les haleines
Et les parfums des fleurs & des zephyrs.
Vingt chars brillants de rubis , de faphirs ,
Pour la porter fe préfentent d'eux-mêmes :
Comme autrefois les trepiés de Vulcain
Allaient au ciel par un reffort divin
Ofrir leur fiège aux majeftés fuprêmes.
De mille oifeaux les doux gazouillemens ;
L'eau qui s'enfuit fur l'argent des rigoles ,
Ont accordé leurs murmures charmans :
Les perroquets répétaient fes paroles ,
Et les échos les difaient après eux.
Telle Pfyché par le plus beau des dieux
A fes parens avec art enlevée ,
Au feul amour dignement réfervée ;
Dans un palais des mortels ignoré ,
Aux élémens commandait à fon gré.
Madame Arsène eft encor mieux fervie
Plus d'agrémens environnaient fa vie ;
Plus de beautés décoraient fon féjour :
Elle avait tout , mais il manquait l'amour.
On lui donna le foir une mufique ,
Dont les acords & les accens nouveaux
Feraient pâmer foixante cardinaux.

Ces fons vainqueurs allaient au fond des ames.
Mais elle vit, non fans émotion,
Que pour chanter on n'avait que des femmes.
» Dans ce palais point de barbe au menton!
» A quoi (dit-elle) a penfé ma maraine?
» Point d'homme ici ! Suis-je dans un couvent?
» Je trouve bon que l'on me ferve en reine ;
» Mais fans fujets la grandeur eft du vent.
» J'aime à régner, fur des hommes s'entend :
» Ils font tous nés pour ramper dans ma chaîne.
» C'eft leur deftin, c'eft leur premier devoir ;
» Je les méprife & je veux en avoir ».
Ainfi parlait la réclufe intraitable.
Et cependant les nymphes fur le foir
Avec refpect ayant fervi fa table,
On l'endormit au fon des inftrumens.

Le lendemain mêmes enchantemens ;
Mêmes feftins, pareille férénade ;
Et le plaifir fut un peu moins piquant,
Le lendemain lui parut un peu fade.
Le lendemain fut trifte & fatigant.
Le lendemain lui fut infuportable.

Je me fouviens du tems trop peu durable,
Où je chantais dans mon heureux printems
Des lendemains plus doux & plus plaifans.

La belle yuon chaque jour fêtoyée

Fut tellement de sa gloire ennuyée,
Que détestant cet excès de bonheur,
Le paradis lui faisait mal au cœur.
Se trouvant seule elle avise une brèche
A certain mur ; & semblable à la flèche
Qu'on voit partir de la corde d'un arc,
Madame saute, & vous franchit le parc.

 Au même instant palais, jardins, fontaines ;
Or, diamans, émeraudes, rubis,
Tout disparaît à ses yeux ébaubis.
Elle ne voit que les stériles plaines
D'un grand désert, & des rochers afreux :
La dame alors, s'arachant les cheveux,
Demande à Dieu pardon de ses sotises.
La nuit venait ; & déjà ses mains grises
Sur la nature étendaient ses rideaux.
Les cris perçans des funèbres oiseaux,
Les hurlemens des ours & des panthères
Font retentir les antres solitaires.
Quelle autre fée, hélas ! prendra le soin
De secourir ma folle avanturière ?

 Dans sa détresse elle aperçut de loin,
A la faveur d'un reste de lumière,
Au coin d'un bois, un vilain charbonnier ;
Qui s'en allait par un petit sentier
Tout en sifflant retrouver sa chaumière.

» Qui que tu fois (lui dit la beauté fière)

» Vois en pitié le malheur qui me fuit ;

» Car je ne fais où coucher cette nuit ".

Quand on a peur, tout orgueil s'humanife.

   Le noir pataut, la voyant fi bien mife ;

Lui répondit : » Quel étrange démon

» Vous fait aller dans cet état de crife ,

» Pendant la nuit , à pied , fans compagnon ?

» Je fuis encor très loin de ma maifon.

» Ça , donnez-moi votre bras , ma mignone ;

» On recevra fa petite perfonne

» Comme on poura. J'ai du lard & des œufs.

» Toute Françaife , à ce que j'imagine ,

» Sait , bien ou mal , faire un peu de cuifine.

» Je n'ai qu'un lit ; c'eft affez pour nous deux ".

   Difant ces mots , le ruftre vigoureux ,

D'un gros baifer fur fa bouche ébahie ,

Ferme l'accès à toute répartie ;

Et par avance il veut être payé

Du nouveau gîte à la belle octroyé.

» Hélas, hélas ! (dit la dame afligée)

» Il faudra donc qu'ici je fois mangée

» D'un charbonnier ou de la dent des loups " !

Le défefpoir , la honte , le courour

L'ont fufoquée ; elle eft évanouie.

Notre galant la rendait à la vie :

La fée arrive, & peut-être un peu tard:
Préfente à tout elle était à l'écart.

» Vous voyez bien (dit-elle à fa filleule)
» Que vous étiez une franche bégueule
» Ma chère enfant ; rien n'eft plus périlleux
» Que de quiter le bien pour être mieux ".

La leçon faite, on reconduit ma belle
Dans fon logis : tout y changea pour elle
En peu de tems, fitôt qu'elle changea.
Pour fon profit elle fe corigea.
Sans avoir lu les beaux moyens de plaire
Du fieur Moncrif, & fans livre elle plut.
Que falait-il à fon cœur ?... Qu'il voulût.
Elle fut douce, atentive, polie,
Vive & prudente ; & prit même en fecret
Pour charbonnier un jeune amant difcret ;
Et fut alors une femme acomplie.

JEAN
QUI PLEURE
ET
QUI RIT.

QUelquefois le matin quand j'ai mal digéré,
Mon efprit abatu, triftement éclairé,
Contemple avec éfroi, la funefte peinture
     Des maux dont gémit la nature :
Aux erreurs, aux tourmens, le genre humain livré ;
Les crimes, les fléaux de cette race impure,
     Dont le diable s'eft emparé.
Je dis au mont Etna : pourquoi tant de ravages
Et ces fources de feu qui fortent de tes flancs ?
Je redemande aux mers, tous ces triftes rivages
Difparus autrefois fous leurs flôts écumans,
     Et je dis aux tyrans
     Vous avez troublé le monde
     Plus que les fureurs de l'onde,
     Et les flammes des volcans :
     Enfin lorfque j'envifage
     Dans ce malheureux féjour
     Quel eft l'horrible partage
     De tout ce qui voit le jour ;

Et que la loi suprème est qu'on souffre, & qu'on meure,
Je pleure.

Mais lorsque sur le soir avec des libertins,
   Et plus d'une femme agréable
Je mange mes perdreaux , & je bois les bons vins ;
Dont monsiéur d'Aranda vient de garnir ma table,
   Quand loin des fripons , & des sots,
La gaieté, les chansons, les graces, les bons mots
Ornent les entremets d'un souper délectable,
   Quand sans regreter mes beaux jours,
   J'aplaudis aux nouveaux amours
   De Cléon, & de sa maîtresse,
   Et que la charmante amitié
   Seul nœud dont mon cœur est lié,
   Me fait oublier ma vieillesse ;
Cent plaisirs renaissans réchaufent mes esprits,

           Je ris.

Je vois, quoique de loin , les partis , les cabales
Qui souflent dans Paris , vainement agité
      Des inimitiés infernales ;
Et versent leurs poisons sur la société :
L'infame calomnie avec perversité,
      Répand ses ténébreux scandales ;
On me parle souvent du nord ensanglanté,
D'un roi sage & clément chez lui persécuté,
      Qui dans sa royale demeure
      N'a pû trouver sa sûreté ;
Que ses propres sujets poursuivent à toute heure,

        Je pleure.

                 D 2

Mais si monsieur Terray veut bien me rembourser ;
Si mes prés, mes jardins, mes forêts s'embéliſſent,
  Si mes vaſſaux se réjouiſſent,
  Et sous l'orme viennent danser ;
  Si par fois, pour me délaſſer,
Je relis l'Arioſte, ou même la Pucelle ;
  Toujours catin, toujours fidèle,
Ou quelqu'autre impudent dont j'aime les écrits ,
    Je ris.

Il le faut avouer, telle eſt la vie humaine ;
Chacun a son lutin, qui toujours le promène
  Des chagrins aux amuſemens.
De cinq sens tout au plus malgré moi je dépends,
L'homme eſt fait, je le sais, d'une pâte divine ;
Nous serons tous un jour des eſprits glorieux ;
Mais dans ce monde-ci l'ame eſt un peu machine :
  La nature change à nos yeux,
  Et le plus triſte Héraclite,
  Quand ses affaires vont mieux,
  Redevient un Démocrite.

RÉPONSE
A L'AUTEUR,
Par Mr. l'abbé DE VOIS ***.

DU tems vous trompez lés éforts,
Et moi j'en éprouve l'outrage ;
Vous savez vous paffer de corps,
Votre efprit ne change point d'âge ;
Les neiges font devant vos yeux,
Le printems eft dans votre tête,
Tous vos vers font des fleurs de fête,
Tous vos jours font des jours heureux.
D'Apollon vous tenez lâ caiffe,
De ce dieu vous vifez les *bons*,
Et, quoique vous payiez fans ceffe,
Vous ne dites pas ; *point de fonds.*
Pour moi, débile créatue,
La trifte main de la nature
Etend un crêpe fur mes jours :
Mes yeux m'étaient d'un grand fecours
Pour lire les fruits de vos veilles,
Je les perds, & j'ai des oreilles
Pour entendre de fots difcours.

Pourfuivi par la calomnie ;

Je ne fens plus que le poids de la vie ;

Mon bonheur eft dans le cercueil

De mon iréparable amie ;

L'univers me paraît en deuil.

O vous ! rare ornement de notre académie ,

Vous nous garantiffez fon immortalité.

Que les cris aigus de l'envie

N'altèrent point votre gaieté !

Vous ne mourez jamais ; moi je meurs à toute heure ;

Vous êtes *Jean qui rit*, & je fuis *Jean qui pleure.*

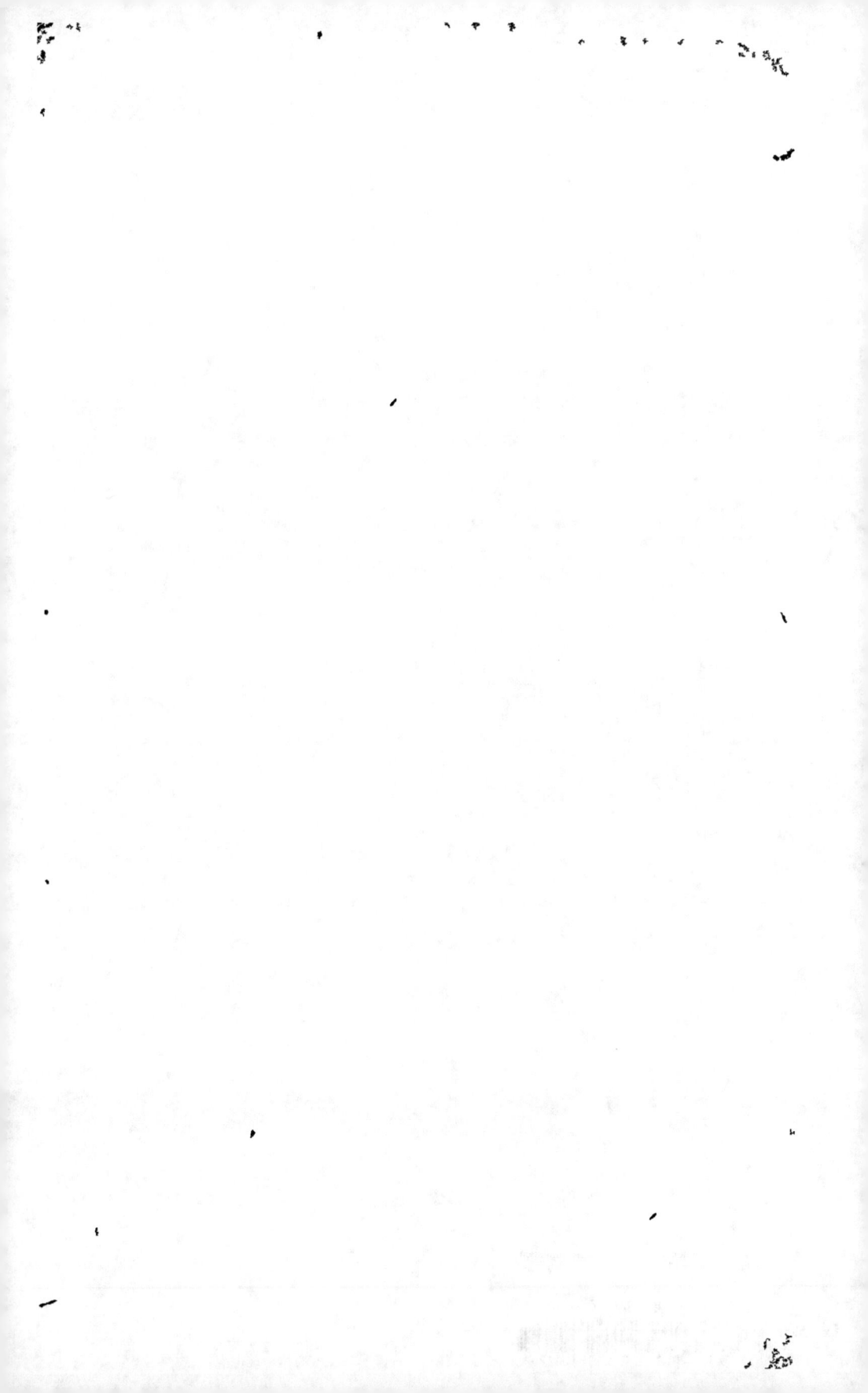

www.ingramcontent.com/pod-product-compliance
Lightning Source LLC
LaVergne TN
LVHW050304090426
835511LV00039B/1360